옷걸이에 걸린 음악

옷걸이에 걸린 음악

2025년 8월 20일 초판 1쇄 인쇄 발행

지은이   박초야
펴낸이   박종래
펴낸곳   도서출판 명성서림

등록번호 301-2014-013
주소   04625 서울시 중구 필동로 6 (2, 3층)
대표전화 02)2277-2800
팩스   02)2277-8945
이메일   msprint8944@naver.com

값 10,000원
ISBN 979-11-7439-024-0

본 책의 구성 및 맞춤법, 띄어쓰기는 작가의 의도에 따랐습니다.
이 책의 저작권은 저자와 도서출판 명성서림에 있습니다. 무단 전재 및 복제를 금합니다.
이 책 내용의 일부 또는 전부를 재사용하려면 반드시 저자와 도서출판 명성서림의 동의를 얻어야 합니다.
파본은 구입처에서 바꾸어 드립니다.

옷걸이에 걸린 음악

박초야 시집

도서출판 명성서림

〈·····문화예술☆산책로

박초야/ 본명 박순남
　　　저작권 내용입니다.

안녕하세요.
한국복제전송저작권협회입니다.
우리 저작권법은 교육 목적 등에의 저작물 이용에 대하여 저작권에 제한을 두어 교과용 도서에 공표된 저작물을 이용하는 경우에 우선 저작물을 게재하고, 문화체육관광부 장관이 정하는 고시기준에 의해 산정된 보상금을 본 협회를 통해 저작권자에게 지급하도록 하고 있습니다. 이는 비록 공익적인 목적을 위해 불가피하게 저작권자의 권리를 제한하지만, 저작권자에게 최소한의 경제적 이익을 보상하고 창작활동을 장려하기 위함입니다.

교과용도서보상금 관련기사
〈글·그림·사진 등 교과서에 수록땐 공익 복적 인정 '先사용 後보상금'〉
http://www.munhwa.com/news/view.html?no=2014022701032430021 0020

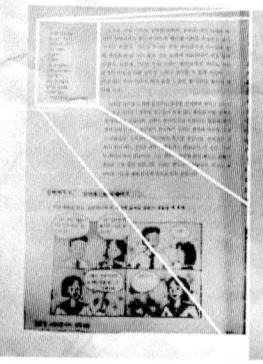

머리말

멈출 수 없는 문장의 여행은 어디에도 종착역은 없다.
내가 있었다는 흔적은 아무도 알지 않아도 괜찮다.
예나 지금이나 책갈피를 접고 펴는 예술과 인간의
기로를 무우 처럼 다듬어 미완성의 숨소리를 불어넣는 일
퍼붓고 비워내는 나만의 언어, 생명을 누가 말하지 않아도
늘 감당하는 이유를 만든다.

25. 8. 초야 박순남

장군 투혼의 실록

| 생애 |

　박인화 장군 순국선열. 1860년 10월 14일 경상북도 영양군 수비면 죽파리에서 태어나 유학을 공부하던 이명. 박처사(處士)로, 1905년 을사조약이 체결된 것에 반발해 사방에 격문을 보내어 의병을 300명을 모집하고 의병대장에 추대되었다. 이후 영양, 진보, 안동 등지에서 일제 경찰 10명을 사살하였으며, 일본 경찰 분파소를 소각하는 성과를 올리다가 1908년 5월 4일 안동에서 대구 경찰 무장대와 교전하던 중 체포되어 순국하셨다.

　대한민국 정부는 1968년 박인화에게 건국훈장 독립장을 추서했다. 그리고 1970년 유해를 국립서울현충원 독립유공자 묘역에 안장했다.

　끊임 없는 투쟁에 불멸의 이름을 남기셨다.
　1905년 일본은 한국의 외교를 빼앗기 위해 강제로 맺은 조약이 그것이 을사늑약이다. 위하여 1905년 을사조약이 체결된 후 경상북도 영양군, 청송군, 봉화군, 진보면, 경북 안동시, 경남 진해시 등에서 투쟁을 펼치며, 일본 분파소로 습격했다.

　조선의 혈통으로 어린 가족을 뒤로한 채 일제의 피바람 자주 독립 진영으로 오로지 나라 위한 애국정신을 앞세워 솔선 항일 투쟁에 매진하며, 망국이 눈으로 보이는 절실한 순간은 의혈 투쟁만이 영원한 조국의 정기 속에 피 끓는 청춘을 바치셨다.

　"박인화 장군은" 저자의 조부님이다.

6월의 독립운동가

의병항쟁을
펼치다 순국한

박인화
朴仁和(1860~1908)

제2번창대 일지에 의하면
박처사는 부하 20여 명과 함께
안동군 대곡리 부근에서
(중략) 밀정 임OO은 신돌석 부하라고
속이고 면회를 구하였던 바
(중략) 밀정 임은 박처사에게
권총을 발포하여 약 1시간 후 죽었다.

주요공적

- **1860년** 영양 수비면 죽파리 출생
  이명 인화仁和 · 처사處士
- **1905년** 을사늑약 후 의병을 일으킴. 의병대장에 추대
  의병 3백명을 이끌고 영양 · 안동 등지에서
  일본군 공격
- **1907년** 9월 대구에서 안동으로 가는 일본 경찰 처단
- **1908년** 4월 안동 임동면 대곡리 부근에서 공격 준비
  5월 4일 신돌석 부하라고 속인 밀정에 의해 순국
- **1968년** 건국훈장 독립장
- **1970년** 국립서울현충원 안장

차례

1부

옷걸이에 걸린 음악	17
하나로는 부족했다	18
습작을 부탁해	19
방파제의 교훈	20
태백산 2	21
어머니 흔적	22
매미야	23
환상의 도면	24
겉절이	26
호미곶	27
적막하지 않은 이름 1	28
제철공장은 제철이다	30
걸림돌	32
막걸리	34
아버지의 주막 1	36
아버지의 주막 2	37
불멸의 강	38
말 무기	39

2부

들국화 1	43
소금끼	44
바다 위의 감옥	45
잃어버린 기억	46
물의 중독	47
세월호 붉은 눈물	48
바람의 길	49
치악산의 달	50
사랑이 슬픔을 타고	51
망향정의 포말	52
매화	53
새보는 아이 2	54
작은 날개도 꽃을 피운다	55
항구의 기둥	56
실패는 도전의 끄트머리	57
술 공장은 흑자 나고	58

차례

3부

아버지와 소금 4	63
아버지와 소금 6	64
아버지와 소금 10	66
아버지와 소금 11	68
아버지와 소금 12	69
저기압의 섬	70
사마귀 눈엔 지구가 있다	71
퇴화	72
영웅 아닌 영웅	73
비	74
외장外裝	76
유행 속에 절망	77
현무암	78
자신을 알라	79
자작나무의 운명	80
모티브	81
새는 동족끼리 싸우지 않았다	82
외로우면 떠나라	84

4부

바람의 기술	89
창업 포털	90
작심삼일	91
참새집	92
호미	93
의병 제전에 묻히다	94
청춘은 구름이다	96
한 번 해병은 영원한 해병 1	98
한 번 해병은 영원한 해병 2	99
한 번 해병은 영원한 해병 3	100
한 번 해병은 영원한 해병 4	102
한 번 해병은 영원한 해병 5	103
희생	104
육지의 한	105
우리 만수	106
할아버지의 계급	108
태백산	110
아버지의 강	112
철없는 금정산	113
지금은 뒤안길 문을 열 시간	114

옷걸이에 걸린 음악

솔벤트 내음 가득한 공간
풀코스 음악은 길든 하루를 완성한다
낯선 옷가지들
어수선한 세상 닮아가고
세상에도 없는
색다른 얼굴 성형하듯
주름살을 펴고 또 펴고 중독처럼
또 다림질한다.
어느 고을 바람 부는 줄 모르며
도돌이표 업으로 시간의
상황을 맞물리며
철도 철 명에 살아남는다
불순물과 일련으로 이어진 그의 일
고객 마음까지도 클리닝 한다.
2평 남짓 공간 행복을 채우고
평행한 고민을 털어놓으며
한 땀 한 땀에 스트레스를 해방한다
실오라기에 영혼을 새기며
인지와 무지에 능동의 지식도
아는 만큼 날렵하다

하나로는 부족했다

왼손잡이 내 친구는
멀쩡한 칼을 두고
또 다른 칼을 구입한다

하나면 충분한데

새 칼을 간간이 쓰고 있다

뭉툭해도 이는 안 빠졌잖아
오래되고 길든 칼이 더 좋은 거야
너의 욕심이 괜찮은 걸까?
새로운 걸 좋아하는 걸까?
너의 인생에 액세서리 같은 것
하나쯤 달고
잠시 취하는 것
길든 칼은 좀 만들어도
손빌 염려는 없잖아
새 칼은 날이 서 있다
주위를 다칠 수도 있어

습작을 부탁해

며칠째 들어와 나갈 줄 모르네
낡지 않은 사고로 붙잡히기라도 하면 다행이지만

자주 요동치는 손발처럼 눈은 붉은 노을에 가까웠다
거부 못 하고 힘든 사고는 신선한 물고기를 찾는다

그래서 고등어를 부르고, 꽁치를 부르고
열기도 불러와
번질하게 두뇌에 입힌다

고뇌하는 운명에 습작은 아무도
포기하란 내 편은 없다.

참으로 잔인하다고 말만 했지
벗어놓은 신발이 기다리고 강아지가 기다리는 그 사이에
뜨고 보는 눈동자를 부리며, 별 한 폭이 밤이깊다

내 편은 바다지만 파도는 저 혼자 놀고 있는데
나는 못 보던 신선한 물고기를 잡아야 해

낡은 옷은 누가 입지도 않아
바람도 신선해야 해

방파제의 교훈

그리움이 가득한
아침
파도가 있어 늙지 않는 바다

자주 요동쳐
마음을 정수하는 너처럼

나도 바다 위를 자주 걷는다

웅크린
고래 등에 달빛이 부서지고
인간이라
자주 바다 안부를 묻게 돼
잘하면 바다는 늘 잘 있을 거야

오래전 우리 아재는
고깃배 풍랑으로 돌아오지 않았어
그 육지의 한은 슬펐지만 아직도
벽에 앉아 웃고 있어

태백산 2

먼저 간 당신보다
더 오래 걷는 중이다

그리움은 시어들 설득에
사막길도 목마르지
않았다

천년이 그냥 흘렀을까?
세월의 파편에 유배처럼 박혀
주목이 군데군데 일그러져도
장관으로 서서
줄을 세운다

불빛 외로움 넘기고 말하지
않는 것들이 있다
산이 멀어지니, 그리움은 가까워져
봄 산 눈처럼 흘러내렸지

늙지않는 구름의 무늬는 지는 해
산그림자에 걸려 묵묵히
밤이슬로 젖는다

어머니 흔적

오래도록 발효된 장맛처럼
모든 사람 입맛에 맞춰진
성품
책임처럼 그 대열에서 어머니의
웃음소리를 기억하는 순간이다
길고 긴 햇살 몰아주던
성스러운 기억 한 줌 깔려있었고
계절이 벗어놓은 낯선 바람 품고 앉아
어질고 유장한 어머니 인내처럼
느릿하게 익어가는
장맛은
옆집 담장을 넘나들며 사월의
꽃향기 부수고
밥상 위에 구수한 이웃 정을 끓였다
입으로 건너가던 장 한 사발이
이웃 사랑 원천이 되듯
남긴 어머니 흔적이
물의 색깔처럼 고요하다

매미야

나는 그 많은 날을 보내면서
세상을 구한 게 없어

변한 게 있다면 모습일 뿐

매미처럼 한철을
알았더라면

귀중한 시간을 놓치지 않고
한철을 아는 사람이 있나

매미처럼 가볍게 나무의 비밀
향유를 맡으며 은밀한 시간을
소리친 한때를 몰랐지

꿈속에서 깨어 한참을
매미처럼 울었단다
매미처럼 뒤태가 아름답기를….

환상의 도면

발 빠른
거미 철학을 보았어요

그러나 따라 할 순 없어요

물방울을 지닌 도면을 보고 내 눈물은
바닥에 우는데
도면은 눈물로 장식하네요.

하룻밤 사이에 우주를 수놓고 근사한
만다라의 원형 도면에
햇살도 앉았다가
금방 일어섭니다

우리는 거미만큼 능력이 있을까요?

애써 줄 치고 거미처럼 살다가도
한순간 급물살에 모든 것 잃고 말아도
거미는 그 다음 날이면 다시 밥을 지어요

떴다면 폭염이고 내렸다면 폭우에

한순간 송두리째 터전을 다 잃고
운명까지 휩쓸려 황톤 물에 이별을 얹었어요

겉절이

세상 머금고
책장만 넘기는 일상

열매가 까맣든 하얗든
살아가는 동안

앞서가는 시곗바늘에
쫓기며
유한한 터널 속에서
돌아갈 순 없고

전신은 하얘지고 까매지지만,

절인 배추처럼
후줄근하게 절려지지 않고

잎새 부딪히는 산새처럼
오늘도 푸른 문맥에 부딪힌다

호미곶

비경 좋은 포항 첫사랑은 찹쌀 풀 끈기
기억한 점 붙여놓고 떠났던 우리는
아직도 그 자리에 붙어있어,
죽지 않는 첫사랑 이름 하나
가끔은 들고 다닌다고
말해 줄 사람 있다
2014년 몹시도 춥던 한해
일출 호미곶 해맞이 소원을 팔고
개방하지 않는 곳 해병대의 순찰 구역
기민한 독수리 눈동자 해 오름 하나
토했을까?
푸른 해무 속으로 잡은 손 익어갔던 순간
모래 쓸던 바람 칼날이 아찔해
우리의 사랑도 얼어붙을까 잡은 손 더 뜨겁게
잡았지!
잊지 말자던 그 한마디
그래서 아직 못잊는 게 아니라 안 잊어

적막하지 않은 이름 1

그들의 몫
그 영토는 물질적 조명이다
바다에 던지고 건져 세상 물들이며, 뼛속까지도
알아보는데
바다가 늙기 전에 공부해라
속이 작아질 땐 바다처럼 넓은 기호를 배워야 해
"너 자신을 알라."라는 톨스토이의 명언처럼
넌 그걸 모르지!
행실을 보며 모르는 것 같아, 머리가 둔하면 평생 고생이잖아
넓은 생각을 구겨 넣고 바다를 닮아가기로 했어. 속 좁고 어리석음이 인생 망치는 거 알아?
한 치 앞도 모르면
세상은 바보를 봐주질 않아
자신에게 질책도 하고 자신을 이겨야 해 이기주의자처럼 내 것만
옳다고 융통성 없는 생각은 세상 안 통해
세상을 한번은 우려낼 능력이 중요해
내 생각은 말이야
가슴에 꺼진 불 지펴 별을 헤아려 보기로 했어

열려있는 바다는 어느 것도 인간처럼
원하진 않아 신선한 걸 배우고 글도 낡지 않아야 해
사람들은 바다를 대통령 들먹이듯 자주 들먹이는데,
어떻게 생각해?

 벽지에 풀칠 한 번 하면 평생 가는데, 입에 풀칠은 매일 해야 하니까
 마른 논바닥처럼 말라가는 곳을 가봤더니, 더 이상 밥이 안 넘어가서
 며칠을 굶었는데, 배고픈 고통 그것보다 서러운 게 없다고 소리쳤어
 고요한 모래톱 발자국들 철조망에 걸린 지 오래네….

제철공장은 제철이다

형부는 보일러실 기사 17년 해오면서
제철을 알았다
포항에 존속 집계가 자리하고
잠 설친 만행의 세월
어디선가 난데없이 눈가에
하얀 거품 차오르고
파도 소리 노숙의 밤 소금, 꽃은
붉은 철강에 걸린다
동해 햇살 동심원의 모랫발
거친 숨결 속에
기체의 눌린 밤은 아침이 무거웠다

어느 날 밤 보일러가 터져 A/S 순간 물이 차올라
전기 합선으로 긴급 사람이 땅바닥에 떨어지자
직원들이 구급차로 이동해
다행히도 한쪽 팔만 불구가 되었지만, 당장 식솔들의
생계가 문제였다
그러자 언니가 팔을 걷어붙이고
제철 식당에 몸을 담고
회색빛 하늘을 열며

바위 등 회를 치며, 재갈매기 응원 소리에
이른 아침 고단함도 세월 누르는 힘은
제철에만 있었다

걸림돌

당신의 마음처럼
흙 속을 알 수 없었다

호미 금속의 날카로운 소리가
밭고랑을 외치던 날

내 안의 허점도 모나는 순간
어머니의 그 세월이 내 앞에서
한참 풀뿌리와 시험한 모습이 지나간다

열띤 나절!
돌의 무게만큼이나 묵직한 그리움이
묻은 하루
긴긴 햇살은 등받이로 흘러내리고
수식으로 가꾸던
한편의 작품 같기도 한
내 법으로 가꾼 푸성귀에
또 한해를 걸었다.

입에 걸린 불순물 뱉는 남은 시간
푸른 기억 끝에 서서
그 결과는 기다리지 않았다

호밋자루 야윈 손 굴곡 사이로
해는 저물고….

막걸리

소박한 서민들 사람 사는 시장
그런 이야기 주도는 늘 그러했다

궁금하지도 않은데
"어딜 갔다 오세요?"
"뭘 그리 많이 사셨어요?. 라고 묻는 일상
찬바람이 지나고 땅이 더워지면
막걸리는 농촌 풍경을 여행한다

막걸리 원조 나의 땅이여!
나는 세 살 때부터 아버지에게 막걸리를 배웠다
아버지는 탁주 한 사발 마시다
한 모금 남겨 꼭 내게 먹이셨다

내게 막걸리 맛 묻지 마라

솔잎과 어우러져 밥알이 살고
고급 안주 필요하지 않은 부담 없는 술
걸쭉한 서민의 향기, 민족의 정거장, 주막
주막은 간이역이었다

그러나 세월로부터 쓸쓸히 은퇴당하더니
발효에 젖산균이 풍부하다 하여
과학적이고 살아있는 생 주로 거듭났다

아버지의 주막 1

가끔 술잔에 달을 띄운 아버지!
아버지의 간이역 주막에 풀려 오늘의
기복을
소통할 학문과 감성을 풀어놓으시며
미욱한 눈빛과 문맹을 돌보는
또 다른 시간을 재촉했어요
각주까지 풀어주시며
불편 없는 지식의 성찰에 모시 적삼이
흠뻑 했어요
주동으로 이어 오랜 태도는
빛나는 걱정에 사로잡힌 아버지!

간절한 기록들은 역설 논문에
산천도 흔들렸어요

지필 서책이 화재로 흩날렸고 팔도 유랑
선비의
방향성 숲길을 노을빛에 묶으며
기러기 떼 손짓으로, 하루를 통과하신
그리운 아버지! 그리운 아버지!

아버지의 주막 2

간이역 주막은 아버지 여행길
거치대였어요.
소통을 주동하며
각주에 설명이 널리면
모시 적삼이 눅진해집니다

조부님 의병대장 "박인화" 장군 얼을 받아
조선을 계명하자고
지향하는 하늘 아래
시리도록 간절한 기록들….
무지몽매無知蒙昧에서
벗어나야 하는
역설

뜨겁게 살아온 세월 두르고
세상 국물 다 마시던
아버지의 그리움이
팔도 유랑 선비의 방향성은 저물녘

갈잎처럼 싸입니다

불멸의 강 - 조헌 선생앞에서

다시 걸어보는 중봉의 재편 길
만행의 눈동자로 건너온
유생의 붓끝 향기에 묻힙니다
밤하늘 별빛으로 허공을 그으며
햇덩이 이글거리던 침략의 제압으로
선열의 가슴에 적멸의 한에 부쳐
이 순간을 매진합니다.
세월을 건너온 천부적 문헌이
때론 초승달이었고
때론 보름달이었습니다

둔탁한 전설 속에 애국 정신은
의병의 족적으로
작렬 앞에 수수방관袖手傍觀 아니었던
충효의 햇살은 통치의 불꽃 이었습니다
반복되던 치욕의 쟁취를 버무려 세월의 그릇이
무겁게도 찬란했고
당시를 붙잡아 본 구국의 깃발을
선양하며, 문필을 어지럽히는 수없는 시간들이묻혀
상상의 고통이 전개되는 순간입니다

말 무기

격한 마음 잘못 다스릴 땐
싸움으로 갈 수도 있다

가끔 남자 기사들이 거친 입버릇이 있다

중앙선 침범하거나 앞에서 알짱대면
성질 급한 사람은 욕부터 나온다

들으면 병이고 못 들으면 약이지만
대부분 못 들은 척하고 지나간다

무식이 반찬일 때
목소리 크고 욕 잘하면 이기는 판

상대의 단점과 인격을 헐뜯고 모독하는
비수보다 무서운 말
오죽하면 말 한마디에 천 냥 빚을 갚는다는 것이다

들국화 1

아득한 기억
그 이름 들국화

달빛이 너무 멀어 싸늘해진 얼굴
이슬 맺힌 모습 내 어머니
넉넉해 보이는 모습이지만
삶의 노래는 비애가 있었다

먼 후일 내가 황야의 벌판을 헤맬 때
지상의 질긴 잡초처럼
모질게도 아름다워라

지금 나는
변해가는 빛들을 그냥 볼 수 없어
밤잠 수없이 설치며
몇 세기 겨울을 견디기 위해
외투 입은 나그네를 보며
또 물은 내리고
향기로 숨 쉬며 바람과 함께 서 있다

소금끼

모래 톱처럼
평생 파도소리만 듣고 싶다

바다에 영양분을 다
삼키고도
눈물과 분노를 던지는
인간만일 것이다

첨벙첨벙 바다를 느끼는 눈동자들
이어지는 침체는 고요한 등불아래
모래 등이 곱기만하고

그래도 바다를 들먹이며
바다에 빠지고 있다

내 기억이
멀어지는
너의 모습 닮아가는지
푸른 바다앞에 서면 수평선처럼
가물가물거린다

어느것도 미워하지 않는 바다같은 바다

바다 위의 감옥

햇살은 은빛 물결 끌어안기에
바쁘고
모래톱 갈증이 하루가 길어
갑판에 가둬진 달랑 하루 감옥살이
살아남을 그물망에 얽혀
실눈 뜨고 엿보는 이유가 있다
파도에 다듬어진 홀로 자란 나무
헝클어진 퇴적 사이로 숨 고르며
크루즈 낭만을 손짓한다
항구에 하루를 매달고 부산한
저항의 지표 위에 은빛 아침
익숙한 시곗바늘처럼
하루를 놀면 죽는 줄 아는 사람
절벽 같은 섬을 지나 균형이 고르지 못한
항구에 갇혀도
기다리는 바위섬 인내처럼 늘 바다의 안부를 묻는다

잃어버린 기억

조금씩 엷어지는 빛처럼 중요한 곳을
비껴가고 있다
감정의 회상이 이동하는 순간 소리 없이 찾아온
기억 상실
바삐 사는 것에 익숙한 삶이 늘 이어지고
깜빡이는 등대처럼
두고도 못 찾는 서러운 세상
30대도 깜빡거린 반딧불같이
밤이 아니고, 낮에도 따라다니는 세상
정신이 작아지기 전에 반딧불 달려들지 않게
약을 사야겠어

나의 아버지는 어머니 장례를 치르시고
"너 어매는 이디갔노?"라고 하셨다
할 말을 잃고 말았다
나는 아버지 상실의 조각들을
맞춰드리고 싶었다

물의 중독

맨발의 처방전은 찰나를 밟고
물 위에 그물이 된다
물거품 사이로 비명이 들리면
일천만 볼트 같은 전력의 숨소리
눈으로 보며
윤슬 따라 빛의 파편은 하늘을
유혹했다
바다 맛을 느끼며 물의 능력에
지배당하며 불꽃 튀는 순간
그 속은
보는 사람 몫이었다
허연 물비늘 일으키는 젊은 영혼
미끄러운 시간이 지나간다
혼 밥의 자유에 꺾이지 않고 향락을
돛대에 달고
쪼르르 뱃살 안고 물속에 빠지는 순간
필사로 저항하는 물고기 되돌려
줄 순 없었다
순탄한 흔들림에, 엎치락뒤치락
죽기 살기 물에 부딪혀
기어이 내게 잡혀 쾌락의 순간 팔딱이는
숨소리 중독성 아니었나?

세월호 붉은 눈물

그리움 두고 가는 뒷모습
물이 끓어올라도 씻을 수 없는 상처
하늘도 울부짖던 2014년 4월
팽목항 앞바다에 304명을 태운 세월호는
맹 골수에 깊은 바다로 침몰했다
바다는 할 일 다했다는 듯 말이 없다
그 중립 지켜주는 건 세월뿐!

놓을진 핏빛 속에 단원고 꿈들이
노란 리본으로 펄럭이며, 빛바랜 만큼
무뎌지는가
세월을 이기지 못한 분노와 통곡을
함께 묻으며
아우성 초성만 남긴 선체는
붉은 눈물 흘리며 남은 세월 작아지고 있다
무심한 파도는 자장가로 용서 구하다 잠들고
단원고 울타리는 올봄도 꽃피는데
별이 된 꽃들은
기억을 건지며 어린 물고기로 꼬리 치고
꿈을 가둔 선체는 미안하다 미안하다
파도 소리 달래며 얼룩지고 있다

바람의 길

어디서 웅크리고 말도 없다가
내가 원치 않는 시간에 차분한
머리카락을 건드린다

그럼 그렇지 그냥 갈 리 없지!
계속 내 곁에서 떠나지 않고 중얼대며
냄새를 풍긴다

공동 바람에 휘둘려 촛불 하나 켜고
정신을 끌어내면
그때는 죄인처럼 고개 숙인다

아무 죄도 없는데 촛불 앞에 서면 숙연해
고개를 숙인 순간은 바람이 떠나는 날이다

심지어 무우 속까지 길을 내며
바람의 흔적을 들어내고
가슴까지도 벌집을 짓는데

누구나 한 번쯤은 바람을 붙잡지!

치악산의 달

많은 그리움과 기다림
사람들은 그랬다.
달을 조이며 꿈을 거는 사람들
죄 없는 비밀을 걸어두고 내려온다
꿈 많은 비밀을 걸어두었는데
아직도
등선교 뒷골목 길
추억이 배어 있는 곳
시들어가는 아이들 우는 소리
들인지 오래

채워야 할 시간이
달빛에 식어가는데
희망도 하소연도 끝없는 매달림이
엷어진 눈 아래 새벽을 드린다

아직도 부끄러운 점 있다고
달빛은 내 어깨를 어루만진다
어깨 위엔 세월이 얽매이고

사랑이 슬픔을 타고 – 만수가 없는 세상

너 없는 이 세상 버티기가 힘들구나!
한순간 너를 잃고 매일 같은 눈물이다

만수야 부르다가 내가 죽을 이름이여!
모두가 이별이 다 모두가 꿈이었나

그리운 우리 만수 그리운 우리 만수

보고 싶다 보고 싶다
우리 만수 보고 싶다

그리운 우리 만수 그리운 우리 만수
온 세상이 쓸쓸하다 온 세상이 쓸쓸하다

모두가 이별이다. 모두가 이별이다.
모두가 꿈이었나 한순간 보낸 자리

너 없는 이 세상이 온통 모두 비어간다

몇 년의 그 세월도
한순간 꿈이었네!

망향정의 포말

망양정에 가면 나직한 갯바위에
미역귀를 잡고 흔드는
이모님이 살고 있다
한 생을 걸고
정든 망향정의 비경은
소박하고도 아름답다고 말한다
서로가 이웃정이
파도처럼 늘
출렁이며 웃음을 바다에 던지며
물고기들도 망향정에 모여든다
맛도 더 좋다고 전해져 온다
우선 모두가 다 자연산 먹거리고
산과 바다가 서로 웃음을
나누며
한 번만 가면 거기에 빠지고
마는 곳이란다
작은 배 한 척으로 바다
숨소리 끌어 올려
간간이 구겨진 삶을 모래톱에
펴 널며,
덤비는 바람한줄기에
입이 열린다

매화

불혹에 고민 상반되면서
각인된 문학의 소신이
고요한 강물이다

굳은 증언에 이법理法의 발견을
찾으며
원하는 아름다움이 아니고
이변이 잠을 설치게 한다.

완성도가 낮았을 자질
그 사물 이름을 꼭 지어야 하는
쌓인 히스테리*hysterie*

절정기를 놓치고
앞에 펼친 숙제 같은 보물
늘 앞에 와 서는
운명 같은 상기시킨다

새보는 아이 2

아버지는 늙은 허수아비를 키운다

앞들 논배미 이름은?
떡대뱀이다

벼 이삭이 뭉텅 올라온
큰 논배미

뽀얀 우유가 톡톡 터진다

사람 눈치만 보는 참새
사람은 당하고 마는데
멍석말이 참새떼
한편 예술이더라
새를 보러 간 아이는 새만 보고 있었다
엄마가 새 보러 보냈기 때문이다

참 허수아비는 허수아비다

작은 날개도 꽃을 피운다

상원사 산 중턱에 여기저기
흐드러진 분홍 꽃을 보고
잠시 매료되었다

사월의 눈부신 산 벚꽃은 누구의
업적일까?

갇혀 있지 않는 새 한 마리
생존에 이르러 눈부신 생명을
낳기 위한 것은 아니었다

풍광이 아름다운 절경에서
부끄럼 없이 들어내어 배설했다

그 후 아름다운 생명이 싹트기
시작했다

어느새 새는 꽃피우는데
우리는 보고만 있었다

항구의 기둥

너 없는 목선은 단조로울 뿐!
바다를 파먹는 마법들
그곳에 오래 남아 있지 않았다

걸러내는 풍요의 실바람
천진한 이름들을 눈앞에서
한잔의 바닷물을 마시며 어둠이 숨어있는
생각 속에서 꽃피던 한순간을
흘러버려야 했지!

꽃은 또 푸른 가슴 헤치며
마산항과 접속한 이유로
검게 탄 항구의 기둥은 수많은
그림자를 버렸다지!

실패는 도전의 끄트머리

꼭 얼음이 아니더라도
미끄름은 많다

헐렁하고 너절한 삶 속에
하는 일이 꼭 좋아서 하는가?

의무로 도전 속에
실패작이 있어야 성공이란 그 이름이
빛나질 않을까?
시인은 시인이기 때문이다

도전 속에 그 열매는 시련의 끄트머리가 되고
자주 미끄러지는 것도
운명이 아니고 하는 일이다

바람이 또 시작되는 날 오면
머리 위에서 사과가 쏟아지리라

술 공장은 흑자 나고

인내하며 사는 그것도 옛날이다.
잘 먹고 잘사는 시대
지출도 많고 일하는 시대

그래서 바쁜 시대가 왔다
바쁘게 살다 보니 시간도 세월도 빨리간다

배우자가 싫어도 자식 위에 사는 시대는
멀리 갔다
인생 60부터 젊게 살고 행복해지려고
노력하는 시대에

자식에게 의지하지 않고 논리 기능적으로
이승의 영혼을 탱탱하게 가꾸고 있다

즐거운 술자리 술 공장은 흑자가 났다
혼술족
술자리는 들어내어 보여주고 있다

아버지와 소금 4

그때 일본은 고구마가 많았다고 했다
아버지 형제는 다시 일본을 건너가
고구마 제분소를 경영했다
현해탄 비친 달 바라보며
오가는 뱃길 역사를 낚았다고 했다
지금도 사촌들이 일본에 뿌려져 살고

일본 문화에 물들어진 아버지는
조선 사상을 부정적으로 보며
일본 사상을 본받아야 한다고
주옥같은 서책을 남기셨다
조선을 계명하자고 ,,,
다시 찾을 수 없는 그 비밀 같은 책들
아버지의 영혼이 지향하는 그 땅에서
시리도록 간절한 기록들
조선 인간들은 사상이 틀렸다는 역설적 논문을
쓴 것이다
글이 전부였던 아버지를 기립니다

아버지와 소금 6

아버지는 첫 번째 상처를 했다
두 아들을 보듬고
울엄마에게 새장가를 가셨다

여자는 기 한번 못 펴고 숨도 겨우 쉬던 시절
여자가 남편에게 매맞던 시절
남자,
아버지는 지존이었다

가부장적인 완고함 속에 힘드셨던 어머니
여기저기 동냥젖을 구하며 아내 잃은 설움….

아버지의 언덕은 폭풍이 불어 얄궂게
변모해 가고 있었다

금이 있는 침묵
세월은 그렇게 흘러 끓어오른 청춘 속에
쓰라린 절망으로 무너진 가세
한량 같은 선비로 남아 지그시 눈을 감고
글 읽는 소리

잃어버린 세월을 잠시 잊으며
먹빛 어두운 밤에도
새벽을 허락한 조물주처럼

아버지와 소금 10

인간은 제일 먼저 부모를 보살피는 일
인간의 칠거지 악 중에 제 일의 악은,
부모님께 불효한 행동이라
"부모님에게 잘하는 사람이 무엇을 못하며
도덕이 부족하랴"라고 하셨다

할머니가 86세에 숨 거두시던
운명의 순간,
아버지는 묵직한 무쇠 손칼로
엄지손가락 동맥을 절단 한다
끓는 피 솟구치는 순간
할머니 입에다 손가락을 물리시며
어머니! 어머니! 가시면 안 돼요! 그 함성
염원하는 애끓는 마음 최선을 다한 순간
떠나시던 영혼은 마치 듣기라도 한 듯
검은 눈동자는
슬픔이 가득 한 눈길로 돌아오고 있었다
번개가 치고 빛이 우주를 밝히고
부활의 눈빛이 서서히 빛나고
자식으로서 최선을 다한 후회 없는 행위는

하늘도 감동하였다.
할머니는 아버지의 얼굴을 쳐다보시며
일주일 더 사시고도 이튿날
유언
"아들아, 고맙다" 당연하지도 않은 기적의 효행
"후손 걱정하지 마라"
이 업보는 대대로 내려 효자가 날 것이다

아버지와 소금 11

아버지의 우상이신 할머니의 시신을
가산 기슭에 세모진 밭에 임시 매장해 모셔놓고
삼 년 동안 험한 옷 걸치시고
오동나무 지팡이 짚고 밤마다 시신 앞에서 통곡하시니
지성이면 감천이란 말이 있듯이
신령이 큰산타고 내려와서 두 눈에 불을 밝혀주면
든든하셨다던 아버지
인고의 연륜
삼 년의 세월
아침저녁으로 빈소에
상식 차려 올리고
오동나무 지팡이 짚고
닭똥 같은 눈물이 골 자리에 뚝뚝 떨어진 남자의 눈물
남자가 눈물이 남다르게 많은 사람
그 애틋한 남다른 정이 사무치도록 그리웠다던
모정의 세월
눈물 없이 들을 수 없었던 당신의 효행 이야기
산 같은 묵묵한 당신의 지식
이 땅에 아직도 숨 쉬고 있다

아버지와 소금 12

아버지의 먹구름이 조금씩 걷히고
울진에서 부산까지 자전거로 질주한다

쉼터는 주막집이다
광목 치마 허리띠 질끈 맨 주모에게 막걸리
한 사발을 청해 마시니, 세상이 밝고
이마에 땀이 말라 소금꽃이 바람에 지고

기세 당당 영웅의 발길은 세상 겁나는 게 없이
쏘다녔다
아버지의 전성시대는
무서운 게 없었다

몇 사람이 호랑이에게 끌려가 죽은 그 무서운
밤길 재를 넘어다 호랑이가 흙을 퍼붓고
가로막으면 산천이 울리도록 소리 지르면
짐승은 간데없다고 했다

지치지 않는 수렁 없는 아버지의 늪은
축축하기만 했다
무심한 밤길 어느 존재성 없는 풀밭 길
그래도 아내의 사랑 처갓집이 목적지려니

저기압의 섬

아직도 섬 바다의 비밀이
궁금하다
금방이라도 청수방울이 뚝뚝

아담한 돌담 사이로 내 시간을 멈추고
황톳길에
인류를 사랑하는 자신을 깔면서
이 길은 세월 가도 바래지거나 늙진
않겠지!

서편제 북장단에 담아낸 이곳

길옆엔 보리싹이 바람을 기다리고
유채꽃 노랗게 햇살을 기다리는
사월의 청산도를 걷고이있다

보석처럼 빛나는 속살에 묻힌
청춘 사랑에 커풀들 풍경에
청산도 물결은 더욱 푸르다

사마귀 눈엔 지구가 있다

길 가던 아이가
"여기 사마귀가 있어 못가요"
"아! 그래?! 사마귀는 독이 없고 무섭지 않아"

자세히 보면 귀여운 데가 있단다.
얼결에 난 사마귀를 관찰 한다
삼각형 얼굴에 튀어나온 두 눈
광대한 푸른 지구 속에 내가 있었다

초록 망사 드레스 두르고
회환의 길목에서 꿈을 꾸는 거야
무모한 몸짓에 비유되는 겁 없는 녀석이지!
개성이 특이한 곤충이란 걸 덧붙이며
사마귀에 대한 경계심을 없애주었다

종족을 위한 버마재비는 번식기가 끝나면
수컷은 순간 도망치지 않으면 암컷의 밥이 되어
머리부터 아작아작 씹어 먹은 후
영양의 침으로 나뭇가지에 알집을 토한다

희생은 서늘했지만, 의무적인 아비 사랑이려니!

퇴화

오래전 펭귄은 하늘을 나는 새였지
날기를 피하던 새
아랫도리가 무거워

옹기종기 모여앉아 주둥이를 도구로 쓰다 보니
그것이 좋아 세월을 잊고 건너갔지!

어린 물고기 꼬리지느러미 춤에
빙산에 무지개 서던 날

풍경만으로도 배불러 보이는 남극과 북극

때론 치열한 삶이 벌어지고
약자와 강자는 사랑에서 구별된다
최고의 인권자란 힘
민족의 새 귀염둥이 펭귄아 하면 된다 하지않고
오랜 세월에 기능을 잊어버리고
가지않으면 갈 수 없느니

영웅 아닌 영웅

자신을 모른다면 세상도
몰랐을 것이다

불빛은 바람을 보고도 흔들리지 않았다

중요함은 깨달음을 버렸으니
문제가 많아도 답은 없었다

2020년 수도를 책임지던 사람
바르지 못하게 지나간 영욕의 삶

시대의 화두를 묻고
그 영혼은 그렇게 가볍게 떠났다

안타까운 지혜는 썩은 무덤이 되고

비

수 천 년 동안 변함없는 목소리

천 길 내리뛰는 부딪친 아픔은
땅의 목마름인가 하늘의 비바람인가?

후드득 비가 좋아
남루한 배 혼이 불 덥고
처막에서 비가 좋아 비를 맞으며 자던 유년
시절

내 막내 동생 진규는 지금도 빗소리가
좋아 비 오는 날이면
세상 걱정 다 버리고 행복하다고 한다

물은 불을 꺼주는 아주 찰떡궁합으로
어깨 감싸지만 아주 능숙한 장대비는
가로등 불빛 끌 줄 모르고
변질한 폐유로 흘러간다

이렇게 비 오는 날이면 저마다
술잔을 든다
어제도 오늘도 모두가 중독의 삶
중독의 모가지라도 조여버렸으면

외장外裝

제네시스 G80 간판을 달고 온다.
외관 상태가 볼품 있었다
세상 이치가 그렇지 않을까?
껍데기가 변질한 역동적인 힘을 빌린 것인가?
우아함과 초고급 세단 고급스러운 감성과 스포티한
감성에 빠져 인생의 문턱을 높이고, 위장의 풍경 속으로
콧구멍이 벌렁대며 흔적을 들어낸다

남의 눈 의식하며 화장하고 멋진 옷을 입는 것도….
그리 보면 남의 눈이 무섭기도 하지!

바깥 껍질을 둘러싸고 부착되는 외장품 세상
꼬집진 않지만, 그것도 능력으로 보며,
풍자일 뿐이다
때론 과감할 필요도 있으리라
리피터에서부터 안팎 각도까지 완벽함으로 슬릭한 모습
순간
내 눈엔 과시로 미끄러진다,
니들! 정신 차려라--

- 아들과 딸에게

유행 속에 절망 – 양계장 인플루엔자 바이러스

외마디 울부짖던 아우성소리 한순간의 고통은
국산의 잔등을 흔들고
외진 곳곳마다 고난을 토하며 삶의 수레바퀴는
그렇게 주저앉았다
브라운관 덤프트럭 폐로라는 마지막 펴는
날개조차 매몰시켰다
주는 대로 먹어야 하고 제 몸 한 바퀴 돌릴
수 없는 철장 속에서도
늘 노래 부르며 눈빛은 언제나 별빛이었다
서로가 엉겨 날개 퍼덕이고 한 구덩이에 매장된
새들의 영혼들
이제 배고픔도 알 청하던 유일한 행복도 시대의
아픔으로 희미해졌다
유행은 막지 못한 바람 공해 된 빈터엔 바람만
들락이지만, 빈자리는 채워지느니….

현무암

멋있고 잼있게
잡힌 주름
아무나 멋진 현무암이
될 수 없지

세상에도 없는
생각들이 얼굴에 잡혀
현무암같이
늙어가는 사람 있다
균형이 고르지 못한
시간 들
기다리며 수놓아진
바위섬 인내에 매어놓고
수심을 지키며 말하던 등대는
쓸쓸한 시간을
보여주고 있었다
절인 인생
그렇게
현무암이 되느니….

자신을 알라

시선과 마음으로 빠지고
때론 말하지!
글자에나 빠지라고
나는 한평생 어디에도
빠지진 않았다
그러나 글자에 빠져
헤어나지 못한다
얼마나 씻어내려야 자신을 알까?
지혜롭지 못하고 판단력 없이
사이비 종교에 빠져
새내 교육이나 받는 바보들을 본다

밟아도 살아나는 가을 산 처럼
말을 듣지 않는다
내가 걸어가는 긴 회랑에
산자락 한 폭 걸어두고 싶다
어디에도 없는 그 그림

자작나무의 운명

아침잠 덜 깼는데
강아지들은 내 머리를 긁어 깨운다

산책길
바람을 기다리던
자작나무가 베어져 있다

나이테 밑동에 톱밥이 어수선하고

어릴 적 이미 몸에 침범된 해충

수액과 심장에 피를 빨고
시름시름 병들어 아팠던 세월

이제 그만 병든 몸을 자르고 나니

아픔도
바람 부는 날도 없는 세상이다

모티브

대세인 트로트 선율이
세상을 뒤흔들며
가슴마다
한 소절 꿈이 불타오른다

꺾어지는 마법이
모티브에 맞닥뜨려
영웅의 꿈을 토해내며
저마다 타고난
예술 음이 숨어있다

운명 같은 목소리
우리는 선명하게 살아있구나
늘 새로운 날을 받아안고
뚜껑을 열고있다

새는 동족끼리 싸우지 않았다

일찍 멀리 보는 새
영혼이 자유로운 새를 닮아가는 세상
부리가 손으로 발달했고
아름다운 둥지를 짓는
새를 보아라
새는 울타리가 없다
서로 벽을 만들지 않는다

누가 새집의 철학은 따라 지를까?
새들은 동족끼리 싸우지 않았고
욕심 때문에
과식을 안 하지!
우리는 새 발자국만큼 아름답진 않았다
지저귀는 소리
알아듣진 못해도 흐릿한 문장 사이로
들려오면 나도 따라 낙원이다
한때는 새와 같이 살았다

금화조 한 쌍이
18마리로 불어나 낙원이었던
지난 잔상이 지나간다.
한철 숲의 시기를 응시하며
나뭇가지 해산할 때 너의 노래 들으리라

외로우면 떠나라

우린
자유로운 여행을
후회 없이 가야 해

끝이 있기 때문이야
서럽던 날들, 거기 두고 후회 없이
가야 해

가다 보면 풋사랑도 있고
기적의 정거장도 있어

전략과 휘어지지 않은 성을 품고
떠나라

고향도 부모도 없는 구름처럼
떠니라

벗은 하늘이요
구름이요
강이요 돌이요

4부

바람의 기술

시도 때도 없이 언어를
일깨우는 바람

필요할 때 불지 않고
남의 맘도 모르고 흔드는 바람

나는 바람이 부대로 살진 않아
바람 잘 때를 기다리지!
자주 요동쳐야 몸도 마음도
정수하는 바람이고 싶다

세상 구석구석 바람 안 부는 곳 없이
참으로 너처럼 공평하다면
불공평은 어디에도 있다
너의 기술로 세상을 달래기도 하고
상처도 입히잖아

창업 포털

변질 없는 시간이 앞서가고
곱창 김이 뜸 들어 조금씩
균형 잃는 듯 눅진한 진열장이
그늘이 진다

허기에 시달린 맥 빠진 호흡은
아침잠을 깨우고
이어지는 침체에 고요한 등불이 깔린다.
쉽다고 느껴지던 건어물 사이에
끼어 소금기로 절여진 세월
후줄근한 옷자락으로 고깃덩이 감싸며
숱한 양념 속에 방부제가 되어
고요한 밤이 그렁한다

매번 달려드는 전조가 서늘해지면
잠자던 바람도 부산하겠지!
숭숭 뚫린 기억 한 줌 당연한 것처럼
가슴에 멀어져간 타던 불꽃이여
또 다른 자신만의 모르던 세계가 보이겠지

작심삼일

한 인간이
다시 되겠다고
술 끊는다는 작심을
했다

그러나 삼일이 못 가서
그 작심은 물거품이 되어
사람이
실없는 현실을 보여주었다

세상 구석구석에서
이런 사람 흔하게 볼 수 있었다

작심삼일은
작심삼일이다

음식이라 인력으로 안 되기도
하지!

참새집

깊은 밤 길모퉁이에

주황빛 하우스
상호는 참새집

바로 내가 주인이다
바알간 불빛 속으로

그림자 하나 움직이던
밤
늘어진 치맛자락
헤집고 들어온
취객

두꺼비 같은 손으로
피도 없는 내 발목을
잡고 만끽 하는 사람

이것이 숙명일까?

호미

오래오래 사용했나 보다
무뎌진 모습 보니
그땐
평생 써도 달치 않을 것처럼
강인했는데,
언제 그렇게 되었는지
세월이 무색하다고

말 없는 시간 속에 호미는
변모해가고 있었다

참! 호미는 대장간이 있어 걱정 없겠네!

쓰지 않으면 녹슬고 마는데...

의병 제전에 묻히다

기氣 세워 몰두하는 별들이
수없이 설친 밤을 묶었습니다

등불 밝히고 스러진 핏빛 자취
장렬한 최후는 사기史記에 묻히고
님을 향한 굴욕 없는 선양의 풍악 소리
가슴에 남아있는 이름들 시들지 마소서

의병 영혼이여!
나무처럼 죽어도 장관으로
밤마다 뭇별들이 내려와
통촉으로 아우르면
핏물든 흙밥이 아직도
온전하게 나를 견디게 합니다

봄이 갈 때마다 뒤척인 영혼들이
다시 봄소식에 설움 안고
울분의 꽃봉오리로 터집니다

충혼 물결 지키려던 비운 의혈 꽃들이여!
아직도 사방 어둠이지만,
불멸의 금자탑 정기正氣를 기록합니다

세월이 낡고 인생이 죽고 역사가 묻혀
산벚꽃 피는 언덕에 붓대로 늙은 손을 기억합니다
눈물 뿌린 문화 타오르는 불꽃으로
못다 한 선양이 되지 않기를….

청춘은 구름이다

살아남는 말처럼
어느 한 예술의 생명력이
생명이다

어디에도 구겨진 곳 없는
푸른 청춘을 노치지 마라

그때를 놓치고서야 알 터이니
저 치악산 단풍이 저번 주가
절정이란다
뚝뚝 떨어질 때는 고운 물결에 취해
아름답지만,

설치는 바람 날리는 낙엽같이
떨어지는 인생이라고···.
돈은 빌려 쓸 수 있지만 몸은 빌려 쓸
수 없어

동작은 가리킬 수 있지만
표정은 가리킬 수 없어

한번 사는 인생
고동치는 심장 소리 우주의 음악으로
들릴 때
거침없는 장엄한 물줄기가 흐를 때
최고의 절정기를 놓치지 마라
절정기가 지나면
노련한 꿈속에서 어수선한 길바닥이다

한 번 해병은 영원한 해병 1

내 아들은 나이 21세
대학 1년 차 다니고
나라에서 부르는 입대에
해병을 지원했다

집 떠나보낼 때
온 세상이 쓸쓸했다

그 순간 슬프고 텅 빈 가슴 어디에 비교할까?
삼사일 지나고 아들의 신발과 입던 옷
소포가 도착했다

충성이 대견했지만, 눈물을 참을 수 없었다
그리고 일주일 지나자
갑자기 군에 간 아들이 문을 열고 들어온다

웬일이냐?
"어머니 놀라지 마세요"
일주일 훈련 받고 힘들어하니까
이것쯤은 아무것도 아니다

한 번 해병은 영원한 해병 2

"탈영이 두려우면
집으로 가라"

다른 훈련병들도 우르르 집으로 갈까?
갈등이 이어지자
집으로 왔다고 했다

그래, 잘했다, "육군 가거라"
말하면서 마음속으론
사나이의 기백이 부족하다 싶어
아쉬움이 약간 있었다

그 후 3개월 만에
춘천 지방병무청에
제 도전 지원 신청서를 내고

사나이가 초심을 잃으면 안 된다는
의지가 앞에 섰다며

훈련 입대를 하자
간부들이 쟤 또 왔다고 웃었다
아들은 말 없는 인내 속에
뜨거운 여름 훈련을 무사히 마치고

한 번 해병은 영원한 해병 3

하늘과 물만 바라보며
서쪽으로 달리는 여객선 안엔

피 끓는 청춘들
카리스마의 그 눈초리
청보라 눈빛으로 바다 벽 뚫어보며, 바람결에
향우편지 푸른 길로 드나들 때
어머니 그 한 말씀 몸성히 복무해라

신화를 창조하는 설레는 순간
가슴 다독이며
얼룩무늬 신병을 불사르며
멀고도 험하다지만,
"불가능은 없다"라는 신화 창조의 신념이
울려 퍼졌다

늠름한 태도는 굳건한 믿음을 주었고
뜨거운 태양이 바다를 삼키던 날
북한은 잔인한 만행으로 제1연평해전을
불바다 만들었다

그 이름도 설레는 연평도는 초비상에 걸렸다

노심초사 불안한 마음으로
신문을 보며
제정신이 아니었다

자식 키워 전쟁터에 보낸 마음

한 번 해병은 영원한 해병 4

아들은 그런 와중에도
쉬는 날만 되면 부대 근처 산으로 다니며

하수오란 약초를 캐러 다니며
구슬땀을 흘린 것이다

전화가 걸려 왔다
"엄마 하수오란 약초를 아세요?"

"뭐 하수오? 아는 게 없어"
동의보감을 찾아보라고 했다

흰머리를 검게 하고 젊어지는 약초란다
정성껏 신줏단지처럼 포장해서 택배가 왔다

눈물 어린 감동으로
세상에 나도 이럴 때가 있던가를 느끼며
아들에게 감사했다

한 번 해병은 영원한 해병 5

아들이 초등학교 다닐 때부터
나는 늘 몸이 안 좋아 잔병치레하다 보니
아이가 효심이 남달랐다

학교 갔다 올 때까지 침대에 가만히
누워있으라며
"제가 갔다 와서 일 다 할게요" 당부를 하며
학교에 간다

말이라도 고맙지, 누가 시키지 않은데
어릴 때나 지금이나 항상 효심이 깊고
엄마에게 감동을 준 아이다

1,059기 전역자, 부여된 임무

넘실대는 파도를 말없이 지킨 자랑스러운 아들!
불멸의 팔각모
정열의 빨간 수건
정열의 빨간 명찰
그 이름 해병대 아들 홍용기에게

희생 – 태장동 현충탑에서

나직이 찾아온 화풍 이 들판 그 어디쯤
한 줄기 바람과 한 줌의 흙으로
그대 모습은
저 언덕에 핀 가녀린 산도라지 꽃이어라

빈산 이어주는 푸나무 이파리
유색有色의 부활
실개천 다시 보는 자유와 평화
눈물보다 간절한 추모 앞에
저민 가슴 이 어찌하겠나이까?

처절한 비명이 밟히고
먹빛 하늘 핏빛으로 물들어
지울 수 없는 숭고한 얼룩을 봅니다

천구백오십삼년 유월의 하늘이여
참꽃 개꽃 핀 언덕에 잃었던 기억
하늘에 아버지 땅에 어머니 불렀습니다

육지의 한

친구 어머니는 바다 갯바위에서
한 많은 세상을 버렸다.

오랜 세월 육지의 한을
바다에 던졌다

돌아오지 않은 영혼을
달래 보기도 했지만
한반도
바다 때문이라고 말하진
않았다

그 아버지는 아들이 그 자리에서
낚시하다 빠져 돌아오지 않았다
아버지는 귀신이 없다고 제사를 안 지내는
사람이다
그래서 누구보다
바다를 바라본다

우리 만수 - 너를 키운 죄

2025년 1월 25일 8시
내 아들 만수는 오늘 내 곁에서 숨을 거두었다
세상이 어두워지고 내 눈물은 나를 감싸며 말했다
그렇게 잘 기르는 건 잘 보내라는 걸 말해주었다
내 청춘을 응원하던 반려견 만수는 7마리 중에 제일
지능이 있고 착하고 목욕하자 머리 묶자 그러면 앞에
와 착 앉는다. 잘하는 것도 몇 가지 있고 신통한 아이었다
내 아들 만수야! 네가 가면 나는 어떻게 불쌍한 내 새끼
어떻게 한순간 떠나느냐?
6개월 동안 너를 돌보며 희생했잖아 많이 좋아져서
오래 살 줄 큰 기대 했는데, 엄마는 사는 게 너무 힘들어
우리 만수 하늘나라에서 행복하게 만나자 좋은 곳에서
잘 놀아라
이 엄마는 네가 있어 행복했단다
근데 너 없는 세상 어찌 살꼬? 사랑하는 내 만수야
이 엄마가 너를 보내며 너무나도 슬픈 순간 많이도 울었지!
너를 보살피는 세월 봄이 가고 여름 가고 가을도 갔고

겨울의 마무리 1.25일 우리 만수 숨진 채 하룻밤을 안고 자는데 꿈속에서 만수가 살아왔다고 좋아서 깨어보니, 아이는 포대기 둘둘 말은 체 영원히 잠든 모습이었어 그 후 매일 같이 이어진 눈물과 슬픔은 달을 넘고 해를 넘어 변질 없는 시간 만 앞서간다

사람들은 이별이 두려워 다시는 안 기른다고 하는데 사랑에 상처는 또 다른 강아지가 오면 그 아픔은 세월이 약이겠지!

그리고 동물은 인간에게 보호받을 자격 있고, 인간은 만물의 영장 인간으로서 의무적으로 보살피는 일이다

반려견을 키우는 사람은 안 키우는 사람보다 10년을 더 산다고 미국 박사들의 논문에 통계가 나왔다는 것이다 그래서 지금은 반려견 세상이 된 것 같다 반려견을 키우다 보면 행복 호르몬이 나와 더디 늙는 걸 알 수 있다

할아버지의 계급

무궁화 떠받히며 증언으로 남은 계급
얼룩진 우리 곁에 작달막한 나무 되어
울타리 정원으로
마을 어귀 밝히나요
무궁화 꽃잎 차로 응어리를 마셔가며
태극기 물결 타고 붉은 하늘 후손 깃발이
수난의 바람 속으로
페달처럼 밟은 나날입니다

잃었던 그 시간들, 반세기에 잠들어도
섬세한 오행 속에
애국정신 곧게 피어
이 강산 평화의 불길이 저 산 높이 흔듭니다
적멸의 한 가라앉은,
나라 위한 의병대장
박인화 장군 전진 백만 군사 만세 불러
이 땅에 승리의 깃발이 곳곳에 휘날립니다

일제의 피바람이 세월 속에 파헤치는
유구한 역사 속에 아픈 상처 묶어놓고
식민지 재편한 35년을 무엇으로 보상받나?

태백산

빛과 어둠을 지닌 명산
천년의 주목을 한 번 더 가봐야 한다고 늘
이야기 습관처럼 하고 있다
내려오는 산허리 호랑이 굴을 떡시루로
엎어놓은 것을 봤는데, 지금도 있다고 한다
꼭 시간을 내 가보는 게 소원이다
참나물도 낫으로 벨 정도였다

그 정기는 매일 다른 번뇌를
푸른 음률에 부려놓는다
먼 옛날 눈에 띄지 않던
고목의 기기묘묘한 여행길 나머지!
애욕으로 붙잡고 세상 이야기
들려주고 있다

모래톱이 파도를 기다리듯
정복하는 이유로
수없이 태어났을 기이한
세월이 그냥 흘렀을까?

늙지 않는 구름의 무늬는 지는 해
산 그림자에 걸려
묵묵히 밤이슬로 젖는다

아버지의 강

현해탄 파도를 지던
아버지의 전성시대
바다향 곱게 불던
갈매기의 노랫소리
바람에 들려오는
아버지의 그 목소리

가지 숲에 맥을 쏟던
푸른 바다 지나가고
술 장부 울 아버지 잃은
아침 풀어주며
해 질 녘 무서리 받은
비린내로 저물었다.

가지들 억새 우는 호숫가에
뜬눈으로 잠들었지

진풍경 적막한 고개
부여잡던 저 달빛
혹한 밤 불사르던
달빛 비탈, 날이 샌다

철없는 금정산

그 산엔
금이 많이 나는 줄 알았다

그때 보던 금정산은
우리 집 노적가리처럼
보였다

볼 때는 무게 있어 보여도
철은 들지 않았다

그러나
그 산은 언제쯤 철이 날까?
철 좀 나라 철 좀 나라
아무리 말하고
세월이 가도 철은 나지 않았다

겉보긴 무게가 있어도 속을 파면
비어있다

지금은 뒤안길 문을 열 시간

申길우 박사님

빈 공간마다 저 별에게 물어보며
둥근 저녁달의 풍경처럼
그리움과 희망이 가득 차 있었습니다
하늘을 날 고픈 곱고 투명한 꿈들이
잊혀져가는 비어있는 시간에
구름의 향수를 물어보다
그 시절의 문을 열어 봅니다

二萬二千二百六十五日을
한 가슴에 거뜬히 안으시고
지루하지 않은 날아가는 새처럼
먼 길 너무 빨리 오신 것 같습니다
벌써 회갑이라니요? 박사님의 얼굴에는
아직 육십 사발의 균열이
아름답기만 합니다.
자연의 사물은 말문을 열어주고,

어둠 속에 숨어 사는 바퀴벌레조차
귀엽다고 하실 申吉雨 교수님!!
경쾌하고 밝은 회갑 날을 진심으로 축하드립니다
언제나 목마른 숲 물주는 심정으로

남은 삶 더욱 새롭고, 아름다운 노을빛이 되소서